Le Sire
de
CASTELMABOUL

Illustrations en couleurs de L. MÉTIVET

PARIS
LIBRAIRIE PAUL PACLOT et Cie

Fol. Y^2 bis

Le Sire de Castelmaboul

PARIS. — IMPRIMERIE E. KAPP, 83, RUE DU BAC.

Le Sire
de
CASTELMABOUL

Illustrations en couleurs de L. MÉTIVET

PARIS
LIBRAIRIE PAUL PACLOT & Cie
4, RUE CASSETTE, 4 (6e Arr)

Le Sire
DE CASTELMABOUL

J'ai pour voisin de campagne un vieil original, qui vit confiné dans sa maison, et que les paysans des alentours prennent volontiers pour un sorcier. Par hasard je me trouvais, il y a quelques mois, dans la nécessité d'entrer chez lui. Je vis alors que son domicile comportait une sorte de musée, où les objets les plus baroques voisinaient dans un désordre savant. Or, comme je semblais m'intéresser à toutes les vieilleries que j'apercevais un peu partout, il eut la bonté de m'en faire les honneurs.

— Ceci, me dit-il, en me montrant un siège à haut dossier, est ni plus ni moins que le trône ducal du sire de Castelmaboul ; et ceci, ajouta-t-il, en désignant un fauteuil surmonté d'une sorte de tête d'homme, est le siège qui était réservé à sa fille Calinette dans les cérémonies publiques. »

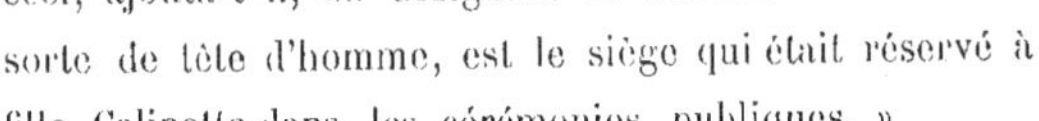

Un peu plus loin, il m'exhiba une façon de cheval de bois, aux flancs armés d'ailes comme en ont les griffons, et me donna cet objet comme l'un des accessoires héraldiques du même seigneur de Castelmaboul.

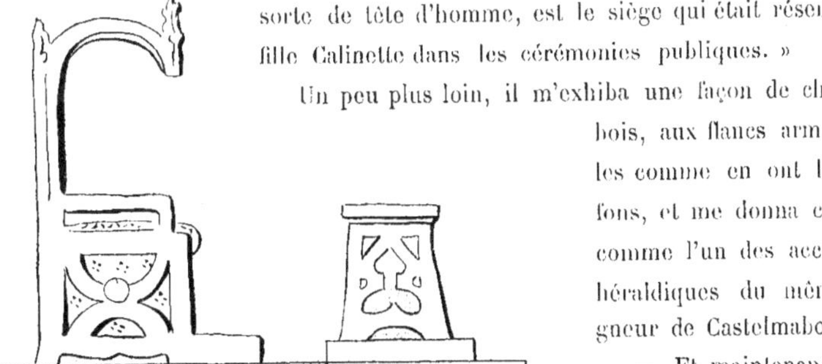

— Et maintenant, poursuivit-il, je vais vous montrer

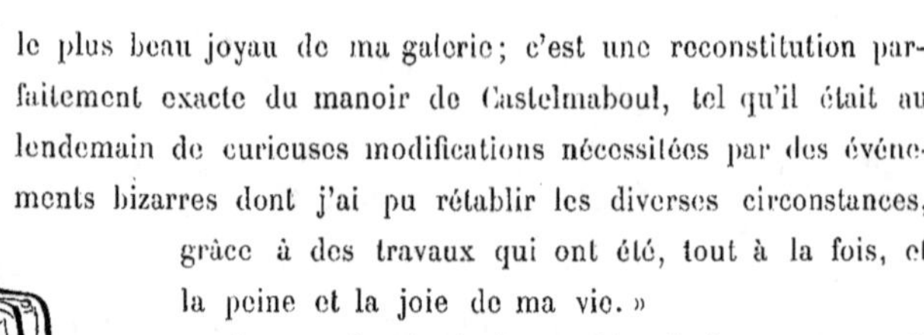

le plus beau joyau de ma galerie; c'est une reconstitution parfaitement exacte du manoir de Castelmaboul, tel qu'il était au lendemain de curieuses modifications nécessitées par des événements bizarres dont j'ai pu rétablir les diverses circonstances, grâce à des travaux qui ont été, tout à la fois, et la peine et la joie de ma vie. »

Comme il m'était impossible d'échapper au récit de mon voisin, homme très savant peut-être, mais assurément très loquace, je me résignai à l'entendre, sans paraître étonné de quoi qu'il pût me dire.

Pourtant, comme il avait surpris sur mon visage le sourire que je n'avais pas su retenir en entendant prononcer et répéter le mot de Castelmaboul, il déclara : « Le nom vous fait sourire?... Ah! vous n'êtes pas le premier ; mais vous verrez tout à l'heure que je ne l'ai pas inventé. Il est authentique, au moins autant que tous les autres noms découverts par les savants archéologues dont je m'honore d'être le confrère. »

Ayant pour habitude de ne pas me moquer des gens qui se piquent de science, j'entendis, avec un air de déférence, le récit que le malheur des temps ne me permettait point d'esquiver. Tel je l'ai reçu et tel je le transmets, sans autre prétention que celle d'être un écho.

— A l'origine, le manoir de Castelmaboul ne comportait que le réduit central, d'aspect sévère, avec donjon, tourelles, girouettes, etc.; il avait pour seules ouvertures des meurtrières plus ou moins larges ou des créneaux de formes variées. Ce fut seulement plus tard, que ce manoir fut entouré de bâtiments d'un style oriental, — un peu siamois, un peu persan, un peu chinois même — très capricieux de formes et peinturlurés, plutôt que peints, des couleurs les plus gaies. Selon toute apparence, ces annexes ont dû être construites en une sorte de carton-pâte comme les palais qu'on voit de nos jours dans les expositions universelles.

Le château de Castelmaboul était un édifice féodal; et son véritable nom était Castelpelé. Les mauvaises langues du pays l'appelaient même Castelvolé. Mais nul ne l'appelait ainsi autrement qu'à voix basse, le maître du lieu étant un personnage peu commode. C'était l'ancien chef d'une de ces bandes qui couraient la campagne, prenaient d'assaut les domaines des seigneurs, égorgeaient tout ce qui se trouvait à portée de leurs armes, et s'installaient au lieu et place de ceux qu'ils avaient supprimés. Il s'appelait tout bonnement Foxamarch, ce qui semble indiquer qu'il était d'origine anglaise.

« Quand Foxamarch se fut installé dans le manoir de Castelpelé, il se mit en peine de se transformer en noble sire et de faire souche de gentilshommes : il épousa une bergère, une femme quelconque, venue on ne sait d'où, ce qui lui permit de la faire passer, sans conteste, pour la noble fille de quelque chef écossais.

« Elle, autant que lui, avait souci de recouvrir de toutes les apparences nobiliaires la boue de ses origines ; aussi ne quittaient-ils jamais, ni l'un ni l'autre, les attributs de la noblesse, dont ils avaient trouvé et volé les titres, en volant le domaine. Lui, en était arrivé à se faire broder des couronnes héraldiques sur ses bonnets de coton et à border d'hermine ses robes de chambre ; et c'est en cet attirail qu'on aurait pu le voir en pantoufles, allant, la nuit, d'un pas pressé à travers les couloirs de ses appartements privés. Cunégonde, son épouse, ne poussait pas aussi loin la manie des insignes ; mais ce n'était que par coquetterie, car il lui eût été défavorable d'être

rencontrée en son petit négligé de nuit.

« Foxamarch, bien entendu, n'avait pu se débarrasser autant qu'il l'aurait voulu des principaux chefs de sa troupe de malandrins; ceux-ci, naturellement, avaient exigé leur légitime part du gâteau.

« Comme il connaissait son monde, il n'essaya pas de résister; et alors, prenant exemple sur la cour d'Angleterre, où l'on voit encore de nos jours un haut personnage qui touche 50 000 francs par an pour passer au roi sa chemise le jour du sacre, il se prit à imaginer les fonctions d'État les plus invraisemblables.

Entre autres dignitaires d'un genre nouveau, il institua le *Grand Arroseur* dont le travail consistait en des distributions d'argent destinées à faire taire les anciens complices. Le *Grand Arroseur* avait pour attribut l'Arrosoir, symbole de sa charge, et ne paraissait point dans les cérémonies publiques s'il n'en était paré. La grande Chancellerie était attribuée à une femme qui s'était autrefois signalée par ses talents à chauffer, plus que de mesure, les pieds des personnes à qui les simples menaces ne suffisaient pas à arracher le secret du lieu

où ils avaient caché leur argent. Pour la régularité du service, son mari avait été investi, sinon de la fonction, du moins des insignes de la fonction; toutefois, la *Grande Chancelière* avait exigé qu'ils consistassent en une superbe bassinoire. C'est en raison de cet insigne que dans le langage courant on qualifiait ce fonctionnaire de *Grand Bassineur*.

« Comme il y avait dans la troupe un certain Filenquatre dont la fonction avait été jadis, vu sa maigreur et sa poltronnerie, de s'introduire par les lucarnes ou de faire le guet, Foxamarch avait inventé à son intention un emploi dont la création prouve qu'il était un vrai politique.

« Ayant, disait le décret qui conférait l'investiture de ce titre, remarqué que la peur est ce qu'il y a de plus contagieux au monde, et voulant gouverner par ce moyen, afin d'éviter le plus possible les dégâts, nous avons élevé Filenquatre à la dignité de *Grand Froussard*. Vu sa faculté d'avoir des coliques de peur à toute occasion, il sera chargé de déverser l'épouvante dans les masses. »

L'ancien sous-chef de la bande avait exigé le principal portefeuille ministériel et avait, en conséquence, été nommé *Ministre des Potences et Confiscations*. Celui-ci ne touchait point d'appointements; ses revenus consistaient en le privilège de vendre la corde des pendus aux gens qui considèrent ce produit comme portant bonheur. Et il s'en faisait une fortune; car, bien entendu, il fabriquait autant de pendus qu'il lui était demandé de cordes. En dehors de ce personnel choisi, on comptait tout un corps savant dirigé par un héraldiste distingué et dont la mission était de rechercher, parmi les vieilles paperasses, des ancêtres quelconques qui pussent donner au nom de Foxamarch, — dérivé du mot anglais : fox, qui signifie renard, — une valeur nobiliaire basée sur une légende quelconque comportant un renard.

Le malheureux Foxamarch ne parvenant pas à faire oublier de ses voisins, proches ou éloignés, ses origines plutôt fâcheuses, se décida un jour à donner, en son château, une grande fête; et, à cet effet, il envoya des invitations un peu partout, annonçant monts et merveilles à ceux qui lui feraient

l'honneur et le plaisir de lui rendre visite. Et pour que ses ministres et hauts dignitaires y pussent paraître noblement chamarrés, il fonda un ordre de chevalerie, l'ordre du *Rossignol*, dont tous se disputèrent les plaques, les grands cordons et les cravates de commandeurs.

Mais cette grande réception cachait une grosse malice : les lettres adressées aux seigneurs d'importance, contenaient un petit post-scriptum indiquant que Calinette, la fille bien-aimée de l'amphytrion, recevrait une dot formidable. On invitait ainsi les gens de qualité authentique, et quelque peu décavés, à venir redorer leur blason, et par contre-coup, — par reflet si l'on veut, — à donner un peu de lustre aux beaux-parents qui, de plus en plus, souffraient de se voir traiter selon leurs anciens mérites.

Foxamarch et sa digne épouse, craignant, et non sans raison, que la fête manquât un peu d'invités, eurent l'idée ingénieuse de convoquer leurs vassaux pour faire nombre. Mais comme ils n'entendaient point que le subterfuge fût dévoilé, ils les firent arriver de nuit et s'éclairant au moyen de petites lanternes en forme d'étoiles, si bien que, à distance, on ne s'aperçut point de leur passage (artifice renouvelé de la Forêt qui marche, de Macbeth, dont, en sa qualité d'Anglais, Foxamarch avait naturellement connaissance).

Le grand jour venu, Foxamarch et Cunégonde, revêtus de leurs plus beaux atours, reçurent les invités au haut du grand escalier; mais ils n'avaient guère envie de rire, les pauvres, car ils usaient toute leur amabilité et tous leurs sourires au profit des figurants qu'ils ne pouvaient vraiment pas mal recevoir, par crainte de révéler leur supercherie aux seigneurs de qualité sur lesquels ils comptaient et dont aucun jusqu'ici n'avait annoncé sa venue...

Aucun n'apparut d'ailleurs; les croquants seuls peuplaient les salons. Pas un duc, pas un marquis, pas un vicomte, pas un baron. Rien! Tout à coup un grand bruit se fit dans les antichambres : et la raison en était qu'un jeune homme en tenue de voyage venait d'arriver; voyant la maison éclairée à giorno, il avait demandé qu'on voulût bien lui accorder l'hospitalité jusqu'au lever du jour. Le père et la mère de Calinette étaient prêts à répondre qu'il fallait chasser cet importun, lorsque la jeune fille, qui croyait à la venue de quelque malheureux, intercéda en sa faveur.

— Eh bien! va le chercher... ton mendiant, gronda le père; nous allons rire!

Calinette s'emmitoufla de son mieux pour aller porter secours au pauvre homme. Mais quelle ne fut pas la stupéfaction de tous, lorsqu'on la vit reparaître, non pas avec un simple chemineau, mais avec un beau jeune homme qu'elle tenait par la main; et ils étaient tous deux si beaux, qu'un hallebardier sentimental leur en porta les armes. Le beau jeune homme portait au cou le collier

d'une Annonciade vague et inconnue, et tenait à la main une valise brodée d'une couronne; ce que voyant, les maitres du lieu l'accueillirent avec leurs plus charmants sourires. Il fit, — ce qui n'était que juste, — connaître ses nom et qualités. Il n'était ni prince, ni duc; mais il appartenait à une famille déjà historique, et qui, depuis lors, est demeurée dans l'histoire. Il avait nom : le baron de Gondremark, et n'était autre que l'ancêtre futur — bien entendu — du fameux baron de Gondremark qui se retrouve dans la pièce de théâtre bien connue qui s'appelle « *La Vie Parisienne* ». Et c'est même, soit dit en passant, pour une large part tout au moins, cette circonstance qui a permis de reconstituer l'histoire vraie de Castelmaboul.

Il s'absenta un instant, comme il l'avait dit, pour réparer le désordre de sa toilette, et c'est vêtu d'un habit de bal d'une suprême élégance, qu'il reparut au bras de Calinette, qui venait de lui accorder une valse. Les courtisans de Foxamarch furent très jaloux de son succès, et l'un d'eux, imitant l'accent germanique, se prit à chuchoter cette plaisanterie : « On nous avait promis des personnages de marque et l'on ne peut nous exhiber qu'un personnage de « *gondremarque* ». Ce calembour imbécile vint aux oreilles de Foxamarch, et l'indisposa fort contre le baron.

— Si jamais ce monsieur entraît dans ma famille, pensa-t-il, voici un quolibet qui suffirait à tuer tout le bon effet que j'attends d'une haute alliance. »

Ce fut bien pis encore lorsque Gondremark, croyant bien faire, commit cette maladresse d'appeler Foxamarch « Monseigneur ». Or, ce mot « Monseigneur » était interdit formellement dans le domaine de Castelpelé, où il était considéré comme une insultante allusion à la pince du même nom. Le bal se termina plutôt mal que bien; et le lendemain Calinette, sans plus de malice, vint trouver son papa, lui déclarant que le joli jeune homme lui plaisait infiniment, qu'elle avait le plus vif désir de l'épouser.

— Oh! mon petit papa, disait-elle, n'est-ce pas, mon petit papa, que tu diras oui ?

Et le petit papa ne disait ni oui ni non, ayant sur le cœur et la plaisanterie qu'il avait entendu répéter, et surtout le malencontreux « monseigneur » qui avait produit un si désastreux effet.

— Oui, mon papa, tu diras oui, parce que j'en mourrai de chagrin si tu dis non... et puis que, pour sûr, je n'en épouserai pas un autre.

Le papa répliqua qu'il réfléchirait, qu'il consulterait sa femme et que, même, — le mariage d'une fille de haut rang étant une affaire d'État, — il convoquerait son Grand Conseil. Et aussitôt, il se rendit dans son cabinet, où son Excellence le Grand Froussard était déjà appelé en vue de préparer un meeting d'Epouvante qui effacerait le déplorable insuccès de la fête de la veille.

Quand le Grand Froussard apparut enfin fort en retard, il était vert d'effroi, tellement vert que non seulement sa figure et ses mains, mais jusqu'à ses habits en étaient devenus verts! Il raconta alors qu'il venait de rencontrer dans les couloirs un personnage de très haute taille, muni de l'accoutrement le plus extraordinaire, qui l'avait saisi par l'épaule et lui avait tenu ce discours :

— J'étais venu pour assis-
« ter au bal de l'autre nuit, ou
« tout au moins pour demander,
« au nom de mon maître, la
« main de la fille du sire de
« Castelpelé. Mon maître est
« le roi des
« pays anna-
« mito-sino-
« javanais ; il a nom Khel-Schik-
« Tipp XXII. Quant à moi, son mi-
« nistre et ambassadeur extraordi-
« naire, mandarin à bouton d'œil de
« veau, j'ai nom Moulah-Sing III.
« Va dire ça à ton maître. »

Le premier mouvement de Foxamarch fut alors de requérir le *Grand Aliéniste*, magistrat chargé de faire enfermer comme fou tout individu qui paraîtrait gênant; mais il résista à ce premier mouvement, le ministre des *Potences et Confiscations* lui ayant fait remarquer que l'individu pouvait être un fou véritable, ce qui serait une suffisante raison pour le laisser circuler en liberté. Il congédia le *Grand Froussard* et procéda à l'examen des papiers contenant les propositions du roi Khel-Schik-Tipp XXII. Or ces propositions comportaient : 1° le mariage dudit monarque avec Calinette, 2° le refus d'accepter des parents d'icelle aucune espèce de dot (proposition d'une haute politique et tout à fait de nature à emporter l'affaire); 3° un titre de duc, parfaitement authentique, décerné aux parents de la demoiselle.

— « Ceci mérite un examen sérieux, dit le bon Foxamarch. Si notre « homme est un farceur, il saura ce que ça coûte; mais nous devons com-

« mencer par tirer son affaire au clair. » Et il consentit à donner audience à Moulah-Sing III.

L'ambassadeur extraordinaire du roi Khel-Schik-Tipp XXII justifia d'abord de son identité en exhibant ses lettres de créance accompagnées d'un portrait du célèbre monarque, debout parmi les nuages et parmi l'éclat du soleil levant, faisant le geste de demander la main de la demoiselle. Mais ce ne fut pas tout. Moulah-Sing fit appeler les gens de sa suite, et deux de ses valets apparurent portant le trône de la future reine, tandis que deux autres portaient, l'un le coussin sur lequel reposait le sceptre ainsi que la couronne étoilée de diamants, l'autre le coffret bourré de perles et de pierreries d'une valeur inimaginable.

Une seule chose inquiétait encore Foxamarch et son ministre. Ce titre de duc de Castelmaboul lui avait l'air d'une mystification; mais il fut bientôt rassuré, quand Moulah-Sing III lui eut fait comprendre que tel mot, ridicule dans nos régions, peut être vénérable en Orient, et lui eût expliqué pourquoi le nom de la principauté de Maboul était tout aussi logique, normal et sérieux que celui de Stamboul, capitale de la Turquie, et que celui de Caboul, capitale de l'Afghanistan.

L'explication n'était pas des plus claires; mais Foxamarch avait trop grand besoin d'y croire pour ne pas l'accepter d'emblée.... quitte à traiter comme ils le méritaient les gens assez peu soumis pour oser douter de sa justesse d'esprit.

Foxâmarch accepta donc, provisoirement, les hommages de Khel-Schik-Tipp XXII, et, définitivement, le titre de duc de Castelmaboul. Le roi devait venir en personne faire sa cour; aussi le nouveau duc, pour recevoir dignement son hôte et pour ne rien changer à ses habitudes de vie, résolut-il de construire en toute hâte autour de son manoir un palais oriental destiné à loger dignement son futur gendre.

A l'intérieur du manoir étaient reproduites les armoiries de Castelmaboul où le Conseil des héraldistes avait réussi à glisser un renard. A l'extérieur, tout était destiné à chanter la gloire du noble Khel-Schick-Tipp XXII et de sa lignée.

Foxamarch ne se doutait pas de ce qui s'était passé derrière le rideau de son cabinet de travail, alors qu'il conférait en toute confiance avec son ministre des Potences. La pauvre Calinette, aux écoutes derrière une draperie, avait tout entendu, et, révoltée d'être l'enjeu d'un pareil marché, avait dès lors pris la résolution de ne pas se prêter aux ambitions de son père.

Elle vint donc le trouver et se jeta dans ses bras pour le supplier de ne point donner suite à ses projets ; mais le père demeura inflexible. Quant à

Moulah-Sing, qui avait eu vent de la résistance probable de la jeune fille, il n'était point sans inquiétude, et pour cause, son maître lui ayant fait assavoir que, s'il ne réussissait pas dans son ambassade, il encourrait les pires rigueurs; aussi cherchait-il à se faufiler partout sans être vu et jusque dans les petits appartements de Calinette, ce qui n'était point chose facile; mais en sa qualité de diplomate astucieux et subtil, il était arrivé à élire domicile dans le clavecin de la demoiselle. De là il entendait tout ce qu'elle disait, lorsqu'elle

se trouvait seule à seule avec sa caméristе. Puis il rapportait au père ou à la mère tout ce qu'il avait entendu; tant et si bien qu'il s'établit entre les parents et l'enfant une lutte de chaque jour.

Un événement brusque et inattendu vint, au bout de quelques semaines, mettre fin à ce drame intime. Un beau jour, étant partie à la chasse à courre, seule avec un laquais, Catinette, sous un prétexte quelconque, égara celui-ci; puis, mettant son cheval au triple galop, et enjambant tous les obstacles, elle disparut.

Quand, à bout de recherches, le laquais vint raconter la disparition et la fuite de la demoiselle, Cunégonde, voyant s'évanouir ses espérances de grande dame, s'évanouit elle-même entre les bras de ses femmes de charge; puis, reprenant courage, elle se mit à chercher des traces de la fugitive; mais ce fut en tous points peine perdue.

Au Conseil des Ministres, le *Grand Routinier*, *Garde des Précédents*, — quelque chose d'analogue à notre Garde des Sceaux — conseilla de demander au baron de Gondremark s'il n'aurait point quelques indices. Au galop, le duc de Castelmaboul et la duchesse, se rendent chez le jeune baron.

— J'allais, leur dit-il, me présenter chez vous vous demander la main « de votre fille, lorsque j'ai appris qu'elle était partie... disparue ; et je

« voudrais vous aider à la retrouver; peut-être, sachant que je suis de ceux « qui la recherchent, sortira-t-elle plus facilement de sa cachette. »

Les époux Castelmaboul estimèrent que ce raisonnement n'était pas des plus sots, et ils coururent la campagne, accompagnés du beau jeune homme.

Je n'ai pas besoin de vous dire par quelles routes passèrent nos voyageurs; toujours est-il qu'en fin de compte il arriva ce qui devait arriver. Ayant eu connaissance de la présence du jeune homme, Calinette sortit de sa retraite. Les deux jeunes gens semblaient vraiment créés l'un pour l'autre; aussi, faute de pouvoir être le beau-père d'un roi, l'ex-forban consentit à devenir le beau-père d'un baron.

Il envoya Moulah-Sing III à tous les diables; mais, habitué à croire que ce qui est pris est bon à garder, il conserva les titres du duché de Castelmaboul.

Les bâtiments destinés à recevoir Khel-Schik-Tipp XXII, bien que devenus inutiles, ne s'en construisirent pas moins jusqu'au bout, en vertu de ce principe, — qui est la base de toute administration financière, dans tous les états, — que, lorsqu'une dépense est engagée, il faut qu'elle soit, utilement ou inutilement, accomplie jusqu'au bout.

Khel-Schik-Tipp XXII, furieux de l'insuccès de son ambassadeur, le condamna à un supplice qui n'était appliqué qu'à des personnages de haute valeur en les pays d'Extrême Orient, où l'art des feux d'artifice fut de tout temps en grand honneur : le supplice du Saucisson. Au cours d'un feu d'artifice, Moulah-Sing III fut introduit dans le bouquet ; on lui mit une ceinture en tous points semblable aux saucissons de dynamite dont nous nous servons pour faire sauter les arbres ; et, au commandement, la partie haute de son corps fut projetée à vingt mètres de hauteur, parmi les chandelles romaines et aux applaudissements du peuple assemblé, qui, d'ailleurs comme toujours, ignorait le vrai motif du supplice et de sa propre joie.

Albums pour la Jeunesse

Illustrations en couleurs

FORMAT IN-4° (0,32 × 0,25)

Les Mémoires de Gazelle. Recueillis et illustrés par CHRISTOPHE pour ses petits amis les enfants. Cartonné . . . . **2** »

Les Animaux Comiques. Première série. Cartonné . . . . **2** »

Les Animaux Comiques. Deuxième série. Cartonné. . . . . **2** »

Potiche et Potache. Illustrations de L. MÉTIVET. Cartonné **2 50**

PARIS. — IMPRIMERIE E. KAPP.

www.ingramcontent.com/pod-product-compliance
Lightning Source LLC
LaVergne TN
LVHW012103170726
843501LV00008BB/2750

* 9 7 8 2 3 2 9 6 4 4 1 3 4 *